This Book Belongs To

-- -- -- -- -- -- -- -- -- -- -- -- -- -- --

-- -- -- -- -- -- -- -- -- -- -- -- -- -- --

MANDALA
COLORING
PAGE 1

MANDALA
CORLORING
PAGE 2

MANDALA
COLORING
PAGE 3

MANDALA
COLORING
PAGE 4

MANDALA
COLORING
PAGE 5

MANDALA COLORING PAGE 6

MANDALA
COLORING
PAGE 7

MANDALA
COLORING
PAGE 8

MANDALA
COLORING
PAGE 9

MANDALA
COLORING
PAGE 10

MANDALA
COLORING
PAGE 11

MANDALA
COLORING
PAGE 12

MANDALA COLORING PAGE 13

MANDALA
COLORING
PAGE 14

MANDALA
COLORING
PAGE 15

MANDALA
COLORING
PAGE 16

MANDALA
COLORING
PAGE 17

MANDALA
COLORING
PAGE 18

MANDALA COLORING PAGE 20

MANDALA
COLORING
PAGE 21

MANDALA
COLORING
PAGE 22

MANDALA
COLORING
PAGE 23

MANDALA
COLORING
PAGE 24

MANDALA COLORING PAGE 25

MANDALA
COLORING
PAGE 26

MANDALA
COLORING
PAGE 28

MANDALA
COLORING
PAGE 29

MANDALA
COLORING
PAGE 30

MANDALA
COLORING
PAGE 32

MANDALA
COLORING
PAGE 33

MANDALA
COLORING
PAGE 34

MANDALA
COLORING
PAGE 35

MANDALA
COLORING
PAGE 36

MANDALA
COLORING
PAGE 38

MANDALA
COLORING
PAGE 39

MANDALA
COLORING
PAGE 41

MANDALA
COLORING
PAGE 42

MANDALA COLORING PAGE 44

MANDALA
COLORING
PAGE 46

MANDALA
COLORING
PAGE 47

MANDALA
COLORING
PAGE 51

MANDALA
COLORING
PAGE 52

MANDALA
COLORING
PAGE 54

MANDALA
COLORING
PAGE 55

MANDALA
COLORING
PAGE 56

MANDALA
COLORING
PAGE 58

MANDALA
COLORING
PAGE 59

MANDALA
COLORING
PAGE 60

MANDALA COLORING PAGE 61

MANDALA
COLORING
PAGE 62

MANDALA
COLORING
PAGE 63

MANDALA
COLORING
PAGE 64

MANDALA COLORING PAGE 67

MANDALA
COLORING
PAGE 69

MANDALA
COLORING
PAGE 70

MANDALA COLORING PAGE 71

MANDALA
COLORING
PAGE 72

MANDALA
COLORING
PAGE 75

MANDALA
COLORING
PAGE 77

MANDALA
COLORING
PAGE 78

MANDALA
COLORING
PAGE 79

MANDALA
COLORING
PAGE 80

MANDALA
COLORING
PAGE 81

MANDALA
COLORING
PAGE 83

MANDALA
COLORING
PAGE 84

MANDALA COLORING PAGE 86

MANDALA COLORING PAGE 88

MANDALA
COLORING
PAGE 90

MANDALA
COLORING
PAGE 91

MANDALA COLORING PAGE 95

MANDALA
COLORING
PAGE 96

MANDALA COLORING PAGE 98

MANDALA COLORING PAGE 99

MANDALA COLORING PAGE 100

MANDALA COLORING PAGE 102

MANDALA
COLORING
PAGE 103

MANDALA
COLORING
PAGE 104

MANDALA
COLORING
PAGE 107

MANDALA
CORLORING
PAGE 109

MANDALA
COLORING
PAGE 110

MANDALA
COLORING
PAGE 111

MANDALA COLORING PAGE 112

MANDALA
COLORING
PAGE 113

MANDALA
COLORING
PAGE 114

MANDALA
COLORING
PAGE 116

MANDALA
COLORING
PAGE 117

MANDALA
COLORING
PAGE 118

MANDALA
COLORING
PAGE 119

MANDALA COLORING PAGE 120

www.ingramcontent.com/pod-product-compliance
Lightning Source LLC
LaVergne TN
LVHW080729120125
801049LV00038B/1021